POEMAS DE LA OSCURIDAD

POEMAS DE LA OSCURIDAD

Bosquejos de locura

Abel Garcia

Número de Control de la Biblioteca del Congreso de EE. UU.:		2017903655
ISBN:	Tapa Dura	978-1-5065-1940-1
	Tapa Blanda	978-1-5065-1942-5
	Libro Electrónico	978-1-5065-1941-8

Información de la imprenta disponible en la última página.

Fecha de revisión: 10/03/2017

Para realizar pedidos de este libro, contacte con:
Palibrio
1663 Liberty Drive
Suite 200
Bloomington, IN 47403
Gratis desde EE. UU. al 877.407.5847
Gratis desde México al 01.800.288.2243
Gratis desde España al 900.866.949
Desde otro país al +1.812.671.9757
Fax: 01.812.355.1576
ventas@palibrio.com
758833

ÍNDICE

Empecé a escribir bocetos de versos cuando tenía doce años, y mi tiempo transcurría en una situación muy difícil, mi familia era muy pobre, siempre mencionaban la nula posibilidad de un día llegar a estudiar algún oficio o profesión. Sin embargo, nunca estuve conforme con esa situación y desde entonces mi propósito fue el buscar los medios para lograr ser alguien de bien y estudiar una profesión, aunque mi mayor ilusión era la de ser sacerdote, por lo que terminada mi educación primaria que realicé en el colegio San Juan Bosco de mi pueblo. Tuvo que transcurrir un año más para que pudiese continuar con mis estudios secundarios, ya que la única posibilidad era que me aceptaran en el seminario en donde ya estaba un hermano de mi padre, por lo que esperé a que el viniera al pueblo en sus vacaciones para plantearle mis deseos de ingresar al seminario y la posibilidad de que me ayudara a conseguir una beca en el mismo.

Mi vida transcurría con muchas dificultades, fui el primero de diez hijos, por lo tanto la carga de la familia y del trabajo se sostenía muchas veces sobre mí, tanto del hogar como del trabajo para sostén que realizaba mi padre. Hubo muchas situaciones tristes que me hacían pensar si era yo de verdad hijo de ese matrimonio, o si sería adoptado al haber sido abandonado por algunos padres que no me habrían aceptado. Mi niñez fue muy difícil, la situación entre mis padres igualmente se conflictuaba a cada momento y los efectos recaían sobre los hijos, sin embargo escribir una especie de diario y mis disque versos en poesía eran un escape. Mi idea era escribir versos, en mi ignorancia e inocencia yo creí que eran poesía, dedicada a desahogar mis sufrimientos y esperanzas. Los dedicaba a las personas que me protegían de mis penurias, y a la esperanza que tenía yo, de poder salvar a toda mi familia de la situación en que estábamos viviendo, eran la razón de mis escritos, ahora que releo algunos que encontré entre mis cuadernos, me doy cuenta de lo infantiles y cursis que resultaban pero sin embargo creo que fueron los bocetos para escribir ahora, mis sueños y mis protestas, sobre lo que pasa a mí al derredor, es la manera que aprendí a hacerlo, nunca había leído poemas o libros, sin embargo tengo que agradecer a mi padre, a mi madre, que me introdujo por los caminos de la lectura, ya que ella era una apasionada por la lectura, cada semana conseguía altos de historietas de todos tipos, y a dos amigos que me animaban a escribir canciones que yo mismo cantaba entonces y que era algo que no he vuelto a repetir. Hasta que pude hacerlo nuevamente durante mi vida como seminarista. Así que lo que escribí, fue meramente sin ninguna regla gramatical o de métrica, no consideraba ninguna regla de consonancia. Las reglas de la literatura para mí eran completamente ajenas. Mi mayor gratitud para mi único maestro de secundaria Miguel Ángel Bortollini Castillo, quien fue el que me introdujo a la escritura y a la lectura reflexiva. Y a mi vida de seminarista, puedo decir que fue el periodo de mi vida más feliz en mi existencia, lo único rescatable de mi adolescencia, me quedé estacionado y bloqueado en un periodo de adolescente del que hice como un "limbo" o laguna, en la que estuve sumergido por bastantes años, en los que transcurrió mi juventud, sin abandonar mi periodo de niñez, cuando me di cuenta y reaccioné estaba casado, tenía una profesión y mis hijas, entonces empecé a reaccionar, dándome cuenta que era un adulto y que los caminos trazados en mi niñez se habían torcido definitivamente, llevándome por senderos imaginados, pero sorprendentes. La vida me preparó para ser fuerte, y para vencer cualquier vicisitud que se atravesara en mi camino vencidos todos y cada uno de los obstáculos, me doy cuenta que soy un ser privilegiado al que su creador ha ido llevando de la manos, dejándole tropezar para conocer el dolor de las caídas y la fortaleza y alegría de superarlas poniéndome siempre de pie para seguir adelante y el tiempo para cumplir mi deseo y mis sueños, con la gracia de ponerlos ante mi vista como una película anticipada a los acontecimientos pero sin develar que eran parte de mi realidad plasmada en cada uno de los textos de los escritos.

AÑORANZAS

Hay recuerdos muy vagos
Escondidos en mi memoria,
Y aunque hay de olvido lagos,
Mi pueblecito recuerdo con euforia.

Allá por sus comienzos,
Se fueron poniendo los cimientos,
De los afanes de ahora,
Hay historias, que no tienen hora.

Allende por los empiezos,
La gente recorría callejones
A la sombra de mezquites
Rojos Acebuches y nopales.

El ave chivito piando colgaba
De frondosas matas de pirules,
Hacían valla los blancos capulines,
Eran largas, angostas y sombreadas.

Y las toscas ramas de mezquite
Verdecoloreaban su vicua en ensartas,
Zapote blanco hojas verde tierno,
Y el zumbido, un infierno de mayates.

De los prados llenos de zacate,
Salían nubes de luciérnagas chispeantes,
Se mecían, sobre aguda palma de otate,
Encima de los racimos blancos, danzantes.

A la sombra jugaba alegre la chiquillada
La matatena, roña o alguaciles,
Doña blanca, al hoyito o encantada,
Trompo o de canicas los quimiles.

Por sus arroyos grandes crecidas,
De aguas broncas rojo oscuro,
En sus tinajas, las mujeres lavaban
Sobre una gran piedra de lavadero,
Tallaban y tallaban como enfurecidas.

Era un pueblo muy chiquito,
Pero, ¡condenado!, ¡muy bonito!,
Con agradable aroma a huertas,
De gran paz, tenía abiertas sus puertas.

Sus dos barrios principales,
El arroyo prieto que regaba,
Todo el rancho de jacales,
Y el conocido suburbio colorado,
Hacía producir los cañaverales,
Regando bondadoso la tabiquería.

El barrio prieto es conocido
Por su cerro de la yácata
En el que se dice hay tesoros,
Ocultos por bandidos, dicen los tatas.

Existen ruinas de fosas,
En el antiguo cementerio,
Donde las calaveras se mueven
Cuando quieren robarles sus cosas.

Es el barrio colorado entre otra cosa,
El más famoso del pueblo de Cerano,
Con su puente, que a cada año,
Una gran creciente le destroza,
Debiendo colocar piedras de pasadero.

Mucha gente allí concurría
A la esquina de las tanteadas
Reunianse por la tarde los vecinos,
A repasar los chismes de los molinos.

Hasta allí llegaban los dulceros,
Tomás, y menudita doña Jacoba
Con gallitos dulces multicolores,
Elaborados con leche, azúcar y canela,

De lo lejos llegaba el pam, pam,
Peculiar sonido de los petateros,
Del golpe de sus piedras el tejer,
Aventadores, tescaleras y Petates,
Para ir a cambiarlos por metates.

Era un barrio muy activo,
De gente trabajadora y creativa,
Menospreciada por su piel prieta,
Y por ser de origen, "nativa".

Cargaban su nixtamal en cubeta,
Todos ellos tenían oficio,
Elaboraban tabique de barro o teja,
Dulce jamoncillo, charamusca o pepitoria,
Con leche y azúcar hacían cajeta.

De carrizo hacían el chiquigüite,
Para levantar cosecha o pepena,
Muy original del barrio tingüindín,
Asentado al noroeste en la ladera,
Se dice era de origen tarasco,
De los que enseñó Don Tata Vasco.

Más conocido es el barrio tingüindín,
Mezcla de sangre otomí y tarasca,
Su rostro tiznado con hollín,
Amantes de la birria y el aguamiel.

Habían llegado de retirada,
De sangre orgullosa, es mi gente,
Y lo grito con voz airada,
Aunque hoy se encuentre desperdigada,

En los cuatro puntos cardinales,
El pueblo de Tamayo tiene retoños,
Tequesquinahuac, junto al Lerma en Salvatierra,
Ramas en Uruapan, donde abundan los thulares.

Velaban sus hornos de barbacoa,
Chilacayote relleno de piloncillo y de habas,
Amaneceres comiendo atole y la conserva,
Y al atardecer largas con chile de molcajete.

La principal calle de mi pueblo
Larga, larga, ancha y empedrada,
Muy comercial y muy paseada,
Engalana los domingos, después de misa.

Al oscurecer, los jóvenes del pueblo
Se arremolinan alborozados en la Plaza,
Muchachas y muchachos hacen algazara,
Al resguardo de los fresnos, de varios lustros.

Y a la sombre de raídos troncos,
Algunos ancianos dormitan,
Emitiendo ronquidos chistosos,
Algunos en la esquina se juntan.

Para comprar las perisodas,
Bebida gaseosa que aquí se fabricaba,
Compitiendo con los barrilitos,
Se repartían en las bodas,
O cuando en la fiesta giraban los caballitos.

Ya oscureciendo, la gente se recogía,
Era la hora del santo rosario,
En la calle, el camino o en sus casas,
El toque de campaña les bendecía.

De rodillas, todos se singaban,
Sonaban las nueve, era como toque de queda,
Los niños, ya ni se asomaban,
Lúgubres historias les atemorizaban.

Un recuerdo muy hermoso,
Siendo yo apenas un chicuelo,
Ver la amabilidad con que saludaban,
Señoras con su velo o rebozo.

En la mañana, medio día o de noche,
Si pasaba el cura, se inclinaban,
Si el profesor, la cabeza se descubría,
En una muestra de respeto
Como saludo, inclinaban levemente la cabeza.

Había fiestas y hermosas tradiciones,
Con bandas de viento a la madrugada,
Competía una por cada barrio,
Los toritos, el castillo, hacen la jugada,
En coloridos resplandores se quemaba.

En la principal calle Montaño
Repleta de puestos en dos filas,
Hacen valla cubiertos de paño
Elegante, de los que festejan
Escogiendo suvenires entre las pilas.

En la plaza da vueltas la ola,
Mareando a la gente arremolinada,
Pues en la rueda de la fortuna,
Da rondas por miedo, con solo una.

Son como sueños los recuerdos.
De ese pueblecito pintoresco,
Donde se visitaba el parentesco,
Usos que se van quedando lerdos.

Confeti, serpentina, era fina
Galantería para las damas,
El requiebro, y flor que defina
El sí al novio y no sus famas.

En enero los reyes magos
Con sus anhelados regalos,
Llegaban al pesebre del niño Dios,
Oro y mirra eran los halagos,
A los niños, ricas piñatas de mesclas de arroz.

Agua, con ceniza cantaba el villancico,
Para las muchachas que no iban a misa,
Cacahuates, colación, Limas y zanahoria,
Para aquellos muchachos que no tenían novia.

En febrero una fiesta muy sonada,
La Reyna del pueblo era coronada,
A la virgen de Guadalupe se festejaba,
Confirmaciones y redobles de campana
La procesión desde el templo de la Sacristía.
Marzo, abril cuaresma, y semana santa,
La pasión de Cristo con promesas y juramentos,
Privación de algunos vicios o alimentos,
Promesas vanas que se olvidan prontas.

Un vía crucis en procesión
Con cristos vivientes pedían perdón,
Por sus pecados arrepentidos,
En la yácata el paredón era el calvario,
Donde terminaba cumplido el martirio.

Había velorio en el templo de abajo,
Lo sonaba muy lúgubre el badajo,
Un cristo sangrante yacía tendido,
La promesa del padre habíase cumplido.

El amanecer del sábado de gloria,
Todo era compra y algarabía por el paseo,
El sonido de la matraca daba paso,
Al estruendoso tañer de las campanas.

Radios y consolas empezaban a sonar,
Y después del sacrificio había que festejar,
Desgraciadamente entre beodos,
Algún muerto habría de resultar.

Mayo mes florido y con mucho colorido
Atrás no se quedaba, flores a la virgen
En el santo rosario de deshojaban,
Y a la madre con amores muy dolidos
Único día en el año le brindaban.

En junio había que hacer méritos con san juan,
Es el único que se baña de madrugada,
No vaya siendo que a la siembra del plan,
Por herejes le pase alguna tontejada.

Por costumbre todos horneaban pan,
De trigo y harina blanca, toda la jornada,
Les llamaban semas y empolvadas
Que con leche eran acompañadas.

Noviembre era mes muy mareado,
El día dos, con el primero,
Pedían permiso al sepulturero,
Para limpiar y visitar panteones.

Ramos, coronas y reliquias costosas,
Se colocaban cubriendo las fosas,
De los familiares que ya eran difuntos
Misa y rosario con indulgencias,
Para sacar almas del purgatorio.

Cierra el año el festejo navideño,
Noche en que nadie tenía sueño,
Junto al tradicional pesebre de musgo,
Se erguía el árbol de los sueños.

Las familias celebrando unidas,
Con tamales, atole, pozole y buñuelos,
Las piñatas, el aguinaldo con colaciones,
No faltaba ponche, esperando la hora del abrazo.

Aquellos divertidos coloquios,
Así llamábanse las pastorelas,
Sus diálogos en soliloquios,
Entre los bufones Tatita y Bartolo.

Un diablo rojo aconsejando a Herodes,
Con su cola de lanza circulando el aire
El traca, traca del paloteo de los pastores
En su danza que hacía al niño los honores.

No sé, si los ancianos van muriendo,
Llevándose consigo esas tradiciones,
O porque los padres ya no nos sentamos,
Con los hijos al calor y la luz de los fogones.

Con el abuelo, la abuela y la familia,
Y el tarro, sorbiendo los atoles.
Los nuevos tiempos matan las costumbres,
Y de los buenos modales no estamos en vigilia.

Hoy esas costumbres se han ido al caño,
No pocos nos recuerdan a la madre,
En silencio y mirada que asesina
O en mudez repiten soy tu padre.

Y si hacen el que no vio,
Murmuran frase muy conocida,
Mirando de reojo si caló,
Para vomitarle a la cara la comida.

INSENSATEZ

Yo te regalara un poema,
Si supiese lo que tu corazón alberga,
Pondría en tu frente una gema,
Para adornar tu cabellera.

Yo te regalaría una canción,
Cuando viera a tu alma enferma.
Pero hoy me doy cuenta,
Que aunque me arrepienta,
Es otra mi preocupación.

De haber atrapado a un espejismo,
Di pasos de ciego en el abismo,
Estoy pendiente a un precipicio,
Callando el doloroso suplicio.

Estoy en un inhóspito páramo,
En donde todo es ignorancia,
¿Cómo aceptar tu arrogancia,
Para despreciar lo humano?

Y aunque soy imagen de lo divino,
Poseo la imperfección de frágil cristal,
En tu presunción soy de carne un costal,
Que no adereza ni con el mejor vino.

Y en petulancia tal,
No hay remedio para mi mal,
Por tu desacierto para ver dentro de mí,
Estoy en continuo desatino.

POESÍA DE LA OSCURIDAD

Existen poemas que han visto la luz
Nacieron entre la sombras de la noche,
Y han bajado por la pluma al trasluz.
Cuando cruel, el insomnio hace derroche.

Pero, son poemas nacidos ciegos,
Sus autores carecen de voz para gritarlos,
Son de pluma de pasos lentos, andariegos,
Y, están mudos, nadie podrá conquistarlos.

Algunos nacen de mente calenturienta,
Con agudos dolores de parturienta,
De un ser que lucha por olvidar un querer,
Otros nacen sobre hoja polvorienta,
De alguien que desea y añora la hora de volver.

Otros más nacen del alma rebelde,
De un hombre o tal vez de una mujer,
En protesta el corazón ante la injusticia,
Aunque es poesía muerta y de valde.
Que quedará en el rincón a perecer.

No existirá nadie que con avaricia,
Se afane en criticarla, diciendo,
Estos versos son malos o, les falta,
Porque no sentirán de la bruma una caricia.
Agonizando en la oscuridad con fiebre alta.

Esos versos que nacen en la penumbra
Para morir antes de ver delirante luz,
Son los que deseo poner sobre la alfombra,
Para que la magia de esta, les quite de esa cruz.

Y, es esa misma delirante voz,
Que los acalla y los ahoga,
La que los lleva a lectura precoz,
Y presentarlos con birrete y toga,
Que a fin de cuentas, no pasarán del altavoz.

"ESCLAVOS DE LA IGNORANCIA"

No sé si este sentimiento es tristeza,
O se mescla la aguda desilusión,
Al ver que entre tanta pobreza,
Esta la peor de las cadenas esclavizante.
Sometiendo al hombre, dejándolo postrado.

Obnubilado, porque es esa miseria humana,
Tan hermana y cómplice de la ignorancia
Somete al ser a Deplorable condición
Venciéndole, en afrenta infrahumana,
Humillándose aún más en su arrogancia.

Es cuando el hombre y la mujer
Tiene estado más indefenso como ser,
No es que deje ver su desamor
Olvidando que es criatura pensante.

Lo que refleja el pequeño infante
Es su innato instinto por sobrevivir.

Acaso injustos le puedan reprochar,
El que se dedique a mendigar,
No será más inhumano, obligarlo a delinquir
¿Juzgándolo con leyes que solo saben encubrir?

Es lastimoso ver a una criatura, niño o niña,
Junto a una puerta o en una esquina de la calle,
Sosteniendo por sobrevivir desigual riña,
Buscando hacerse de un mendrugo de pan
Para que su hambre que protesta se acalle.

Es criminal el abuso, la explotación,
Que se hace de ellos en la prostitución,
De la mutilación, para explotarlo por la avaricia,
De quien que debiendo darle una caricia y amor
Le vende a mejor postor, negocio para vivir mejor.

¿Qué les importa a ellos la ignorancia?
Qué importa la sapiencia para el explotador
La ignorancia es el grillete más barato y mejor
Para someterlos como dóciles, animalitos.

Deambulan atemorizados bien vigilados,
Entre esa selva fría de asbesto y concreto
Entre gente ciega, insensible, indiferente,
A todo lo que no sea su propio bienestar.

Sin significado para los que gobiernan,
Si la ignorancia los mantiene en el poder,
¿Qué importa si saben usar la pluma,
O es consiente del poder adquisitivo
Que va perdiendo el peso de su nación?

En una enorme injusticia
Se gastan millones en guerras,
Que someten pueblos a la miseria,
Provocadas para satisfacer su ambición.

Hay una falta de piedad humana,
En las excusas de terrorismo cruel,
Creado como pretexto para sembrar pavor,
Con beneplácito de otra nación hermana.

¿Acaso cualquier país o gran Bretaña,
Considere tranquilamente que es una hazaña,
La abusiva intervención como pirañas
Aplaudiendo a un país que ríe como hiena,
Ocultando la carroña de cadáveres de niños,
Ancianos y enfermos para los buitres de rapiña?

¿Qué culpa hay en los niños aquellos,
Que mueren bajo los escombres llenos de horror,
Ante una ciega aniquilación **consient**e,
De los soldados obnubilados por la droga?

¿Que defienden? Un nacionalismo ajeno,
Que a su gobierno le parece bueno
Para seguir obteniendo votos a favor,
Cuando él no siente ningún dolor.

¿Qué culpa existe en un pueblo
Que no define su libre nación,
De que exista un asesino entre su raza?
¿Los gringos, no hacen lo mismo en su casa?

Hay mandatarios que acusan a todos,
Y se rodean de un gabinete de beodos,
Que doquier ven criminales de guerra,
Cuando poseen la rabia de la peor perra;

Va culpando de delitos de guerra,
El peor genocida de toda la tierra,
Y de manera consiente se aferra.
A creer que es mano de Dios, justiciera,

Un loco, similar a Hitler, solamente eso,
Que cree desenvainar la espada correcta,
Se empeña en matar buscando armas raras,
Es su país, que trafica las más caras.

Siembran la muerte en la esfera,
Con cualquier pretexto de intervención
Porque se dicen objeto de traición,
¿No es acaso el mayor criminal,
Quien siembra incertidumbre y hambre en la tierra?

Si repasamos el trayecto de su historia,
Se encontrará toda su pútrida escoria,
Siempre fabricando falsos pretextos,
De lo que sus intestinos están indigestos,
Y al final fabrican su propia y falsa gloria.

Un gran cordero vestido de rabioso lobo,
Retrato fiel del mencionado en el apocalipsis,
Una de tantas hipócritas hienas carroñeras,
Mandan a otros, a hacer la cruenta faena,
Y simulan ser el tierno niño probo.

Bestias devorando corderos indefensos,
Fieras sedientas empapadas de sangre y lodo,
Destrozando con placer siempre a los mansos,
¿Qué peligro hay en enfermos, ancianos y niños?

Para este patrono desquiciado, demente,
Acaso la miseria exterior justifique la atrocidad,
O la riqueza del suelo justifique la monstruosidad.
Cierto es que hay ignorancia y mucha hambre.

Elementos para la humillación y el sometimiento,
¿Acaso, la única manera de despertar al hombre?
¿Quién dijo que la esclavitud sea resurgimiento?
Pueblos disque cultos, ¿por qué sojuzgamiento?
Guías libertarios, ¿cómo justifican la vejación'?

En la guerra no hay libertad que pretenda liberación,
¿Liberar a un pueblo asesinando mujeres y niños?
Y, de quien, si en libertad no hay opresión,
En igualdad y justicia, no se necesita liberación,
Son acciones humanas que competen a la propia nación.

En atrocidades y abusos ¿en dónde está la ONU?
En leyes universales ¿qué pasa con "no intervención?
¿Qué papel juega un organismo protector y rector
De las débiles naciones que son sometidos al amo y señor?

Dictan derechos humanos, derechos de la mujer y de los
niños,
Para poner el claro que a los más débiles se les somete
mejor,
Si el poderoso ignora sus obligaciones como el mayor
servidor,
Si agacha la cabeza con cinismo, haciendo aprobatorios
guiños
A aquellos mandatarios que le dan paga mejor?

MI PUEBLO AGONIZA

Con una fecha no muy memorable,
Inicio la lenta agonía de mi raza,
Cuando un invasor no muy saludable,
Llegó a cortar de tajo sus raíces.

Ocutubre 1942, inicia la cacería,
Lo celebran como día de la raza,
De su sometimiento y agonía,
Una horrible congoja soportando vicios.

En aras todo de tosca evangelización,
Destrozaron pueblos, credos y culturas,
Vejaciones infrahumanas a la nueva raza,
Tratados como animales, no había compasión.

Sometido mucho peor que a la bestia,
Sin embargo, la bestia llegó con civilización,
Proveniente de otro viejo continente,
Alentado por la avaricia en esta ocasión.

Decía la predicción: bestias de dos cabezas.
Eran bárbaros que decídanse civilizados,
Disfrazada la fe de una Reyna, en ambición,
Por oro y plata sometían a las presas,
Olvidados de su doctrina y su Dios.

Aniquilaron raza, cultura e historia,
Del pueblo que les aventajaba en perfección,
Humillaron toda dignidad de la criatura
Para someterla en inhumana vejación.

Por ser un pueblo de creencias bárbaras,
Forzándolas por otra que rezaba amorosa,
Lo que a la práctica solo mostro simulación,
Sembrando esclavitud, muerte y destrucción.
En aras de la caridad redujeron todo a escoria.

Ignominiosamente se le fabricó otra historia
Un nuevo mundo, una nueva lengua,
Un nuevo credo tatuado a sangre,
Forjado en la mente a golpe de yunque,
Cincelado en el alma a fuego de fragua.

Hoy sus edificios demolidos cobran gloria
Nueva, y sus ruinas hablan por sí solas,
De un pueblo más coherente que el mundo viejo,
Y aplicaban recta justicia, sin hacerla bolas.

Sin embargo el hombre civilizado, bautizaba
A seres a quienes consideró como bárbaros,
Con un cruento bautizo de fuego y sangre,
Considerando el deshonor una virtud.
Una evangelización confundida con cruzada.

¿EN DONDE ESTÁ HOY MI RAZA?

Sentado sobre una gran roca,
A la sombra de un viejo encino,
Agotado y sediento del camino
Que lentamente he recorrido.

Bajé hasta el fondo de árida montaña,
Y aquí en el abismo de la gran cañada,
Me doy cuenta, que mis pensamientos,
Son una maraña, y se destilan lentos.

Extensiones de sierra, tierra árida, inhóspita,
Hectáreas por cientos, semidesérticas,
Que han depredando de flora y de fauna,
Más no es, por gente de población nativa
Sino por la extranjera que arriba.

Autorizan concesiones los mandatarios,
Para luego culpar a ejidatarios,
Asesinándolos para darles a otros la fortuna,
Cavilando en soliloquio me pregunto:
¿Será justo que al propietario de la tierra,
Para cederla, lo asesinen y le carguen el bulto?

¿Qué sucedió con mi lengua nativa?,
¿Por qué mis padres ya no la hablan?
La he perdido junto con costumbres,
Porque mis abuelos las enterraron.

Se fueron juntos con mi historia,
Me interrogo, y en mí no hay respuesta,
Mis papás aprendieron a guardar silencio,
Soy yo el que grito en desesperada protesta.

¡No! no estoy de acuerdo, no quiero gloria,
Pero mi raza ¡vive! aún no está muerta,
Aunque no esté presente el que la forjó,
Vivir esta mentira de libertad, de independencia,
Es lo que más, en mi corazón detesto.

Desde este precipicio miro al cielo,
Y lo veo lleno de miles de estrellas,
Y me digo y me repito no, ¡no es otro cielo!
Es la tierra misma que me parió y recibió.

Es el mismo suelo que me crio, dándome su sabia,
El que me legaron con ansiedad mis ancestros,

Sin imaginar siquiera, o estarían llenos de rabia,
Que los mismos que nombramos rectores
Son hoy con desvergüenza nuestros opresores,
De lo que les entregaron con rabia.

Y Fraccionándola, la cubren de odios,
Y la han ido resquebrajando en vida,
Poco a poco cubriéndola de oprobios,
Esclavizando la misma libertad añorada.

Con nostalgia recuerdo las tardes soleadas,
Cuando en familia rodeados de los fogones,
Pardeando las noches algarabientas, nubladas,
Escuchaba silencioso sus fantásticas historias.
Al calor de la hoguera, de pasadas glorias,
Orgullosos relatan, narrando pasadas glorias.

Se han quedado en el pasado olvidadas,
Desde que se cerraron las puertas,
Con pesados cerrojos y aldabones,
Que se cuelgan por temor en portones.

Me sigo preguntando en soliloquio,
¿Quién fue el que enterró a mi raza?
Si, Europa mató sus "sacrílegos credos",
Y el tiempo va enterrando las tradiciones,

¿Quién es responsable del enmudecimiento
De la casta de mi glorioso pueblo?,
Europa igual, es responsable de ausencia
De siux, apaches, cherokees y mezcaleros,

¿Quién acabó a mi valiente estirpe,
Cuando los mayas desaparecieron?
Que les pasó a los pueblos,
¿Cuándo las selvas los envolvieron?

En donde están mis hermanos
Los hombres incas, con sus llamas,
Cuando sus maravillosos pueblos
En la sierra de Andes se perdieron?

Es tan triste ver cómo nos hacen agonizar,
Sin derecho a defender lo que por justicia,
Llevamos impreso a hierro y fuego en el pecho,
Para por unos pesos, a usurpadores vender.

¡Oh! Mi pueblo inició su agonía,
Cuando las águilas cayeron,
Uxmal, mayapan y la Tenochtitlan
En cruenta agonía perecieron.

Sus idiomas, lenguas de dioses,
Las que les heredaron los ancianos,
Para que fueran sus portavoces,
Cuando les abrieran los caminos.

Se quedaron en escombros sepultadas,
Están debajo de los adobes, y de rojos ladrillos,
Olvidadas ya sus leyes, y muertos sus reyes,
Porque abrieron generosos sus rojos corazones.

Para regar con el rojo de su sangre los campos
De coloridos y deslumbrantes tornasoles.

Y aunque el paso del tiempo fue inclemente,
La tierra siempre nos resguardo ferviente,
Desenterrando de su vientre tesoros escritos,
Que hablan de amor ferviente a la tierra.

Aman con fervor al bosque, a la montaña,
Al volcán y a la laguna, y dan culto a la luna,
Transcurrió su vida sobre el azul de los lagos,
Que renovaban alegres en la tribuna del sol.

Hoy desaparecen peces de los lagos,
Las fábricas envenenan con crueldad,
Las venas de la tierra en los ríos,
Serpiente que bajaba reptando desde la loma.

Para festejar el año viejo,
Negamos las primicias,
Engendradas en la brillante luz,
Del relámpago que anuncia,
De la lluvia las caricias.

¡Ah recuerdos! A mi raza no la vendió la malinche,
Ni la agresiva piedra que hirió al rey Moctezuma,
Cuando españoles allanaron sus templos,
A mi raza la está asesinando el conformismo.

La aniquila el miedo a enfrentar al enemigo real,
Al político desleal, embustero y lisonjero,
Que esconde la mentira en la falacia de promesa,
Que pone sobre la mesa del pueblo hambriento.

Sí, hambriento y sediento de honestidad,
No son los designios divinos,
Son tantos malditos vicios,
Que nos han hundido en precipicios.

Aceptando a líderes corruptos,
Es el cáncer que nos mantiene postrados,
Admitiendo lo que ellos ven desde el estrado,
Es una guerra de líderes, que le tienen secuestrado
Proponiendo partidos para su venia, más bravos.

Asociaciones que se dicen de izquierda,
Mientras llegan hasta la derecha,
Y ya caminada la rica brecha,
El pueblo sigue bien hundido,
Y ellos, con los millones que dan para campaña.

Ese es mi brutal desatino,
Y me digo donde está el valor,
El arrojo de mi indómita raza,
No es necesario morir en la plaza.

Hoy nos estamos venciendo,
con comodidad egoísta en la casa,
El pensamiento pasivo y relativo,
Hoy reza: "todo me es igual".

Mientras no me afecte en mi morada,
Y no pase, de estas cuatro paredes,
Que hagan sus haciendas y plazas,
Pueden seguir adelante sus mercedes.

Ese coraje se quebró en los molinos
por política hecha para alcanzar los pinos,
De dirigentes ambiciosos nacidos para servirse,
Y acumular poder y riqueza antes de irse.

Hoy nos pasa lo que a las fieras,
Nos dejan que crezca el hambre,
Y cuando nos acercan agua y el pan,
Entre nosotros nos desgarramos.

No, no es por designios divinos,
Que nos saturan de este cáncer,
La maquinaria de estos molinos,
De políticos inconscientes y asesinos.

Muy arriba, en cúspide de montaña,
Prevalece nuestro espíritu indómito,
Agazapado entre los riscos y su maraña,
Para remostar el vuelo hacia el infinito.

Y los que están desperdigados en las calles
O banquetas y esquinas de las grandes ciudades,
Remontarán forjando sus artesanías y detalles,
Para alegría de exigentes y eternas deidades.

Las plantas de sus pies laceradas por el asfalto,
Restaurarán heridas en sus bosques florecidos,
Y las reales águilas de la agreste montaña,
Dando saltos, danzantes entretejerán sus nidos.

Dejarán de extender las manos,
No mendigarán malbaratando artesanías
Para que otros hagan riqueza muy ufanos,
Quedándose tranquilamente con las regalías.

Ahí señores, se encuentra hoy mi raza,
Mendigando caridades en las plazas,
Porque le arrebataron su libertad,
En aras de una soberanía que oculta la verdad.

ESTUPIDEZ

Así catalogo las declaraciones,
Que hacen algunos mandatarios
Estatales y nacionales, sus comentarios,
Vociferando exceso de empleos.

Son declaraciones fatales,
El decir que abunda la ocupación,
Ofuscados están esos mandatarios,
Con sus declaraciones mortales.

Si no dan abasto los hospitales,
Combatiendo por el hambre tantos males,
Y ellos publican de su gestión elogios,
Sobre sus grandiosas artimañas.

No cabe al pueblo ninguna duda,
Su mente se ha cubierto de telarañas,
Lo presente lo saco a colación,
A raíz de triste acontecimiento,
Acaecido en tierra de california,
Antaño, un territorio mexicano,
Noticia que supo el parlamento.

Murieron allí dieciocho hermanos,
Todos de nacimiento mexicanos,
¡Van de Jove!, lo habló un mandatario,
Y lo publicó así, un importante diario,

Él, se crio entre pañales de seda,
En sus terrenos el trabajo es sin horario,
Muy dado a poses de calendario,
Casado del presupuesto, para cumplir la regla.

Hizo tan estúpida declaración,
Al notificarle este acontecimiento,
No sea que se le cobre comisión,
Es mejor decir que se van por tradición.

Palabras burdas y sin fundamento,
Cree que la mayoría van por esparcimiento,
Al considerar que en los minutos que visitó
Dos o tres comunidades en su campaña,
Ya conoce los problemas, y no poquito.

Que en seis años de gestión,
Solo visita para darse un atracón,
¡Claro! Lo organizan los de su calaña,
Que para sacarle al pueblo se dan su maña.

Harto de comilonas, ¿Qué sabe de hambres?
El no sufre de la jornada los calambres,
Para eso cobra sueldazo de ricachón,
Y aún le darán bonificación de su gestión.

Asegurado su capital de por vida,
¿Qué les importa la gente jodida?
Y con sorna se alisan el mostachón,
Esperando mejorar en la siguiente elección.

Es importante pensar antes de hablar,
Que para hacer declaración tal,
Debe ir a las comunidades con su costal,
Que sepa lo que se suda para llenar el comal.
Que cobre lo que recibe el pueblo de jornal.

¡Ah! Pero, como es de los niños chics,
En nuestra patria a propósito sembrados,
Para en su hora, cumplir otros mandados,
Mientras se la pasan en los picnics.

Se habla de un país de oportunidades,
Pero, ¿dónde y cuándo? son las variedades,
Ya que para viajes, les dan hasta el importe,
El mexicano se muere, por no tener pasaporte.

Como delegado consigue pasaporte y visa,
Los convenios los manejan oportunistas,
¿Cuándo los reparten? y ¿En qué misas?
Pues para ganarlos, perdemos hasta las camisas.
Desgraciadamente no son hechos de madera,
O tendrían crecida su enorme nariz,
En la que podría anidarse una perdiz,
Para que puliese un poco su tontera.

Mayor muestra lo que hacen con el pobre,
Portadas que son sólo eso, "portadas",
Presumiendo grandes obras privilegiadas,
Porque solo compran y reciben, los feriados.

El desprotegido recibe acaso una mentada,
Y el rotundo rechazo por ser desconocido,
¿Cómo?, si nunca visitan los municipios,
Durante la gestión, apenas si conoce los principios.

Y se atreven a hablar de rancheradas,
Es por eso que hablan tantas tontejadas,
Cuánto hace acá, que un mexicano,
¿Adquirió tradición yanqui o francesa?

Los potentados viajan por hobby,
Disque para mejorar relaciones,
No será que van a recibir las bendiciones,
Del padrino que apruebe las municiones.

Los extranjeros inventaron la calesa,
Y al acaloramiento no doliera la cabeza,
¡Pobrecitos! Cola de escorpión bien afilada,
No les gusta que su tarea sea criticada.

¿Que el indio se va por tradición arraigada?
A otros burros con esa desafinada tonada,
Quien vive del campo, sabe que está de la fregada,
¿Que saben los ricos de sensación de hambre?

¡Ah! Dice: el mexicano, está mal de la cabeza,
Por esa razón se encuentra en la pobreza,
Y lo dice con aquella descarada gentileza,
Suerte que no habla su trasero, o a cada paso tropieza.

Gritan que hay empleos para salir adelante,
Oportunidades muchas, es petulante,
Muéstrelas pues, señor caballero andante,
Así, el mojado no se va para progresar.

Aquí no logra ni el profesionista,
Honesto y cabal mejorar su humilde hogar,
Cuando un mojado, lo logra superar,
Yo también quisiera ser un alquimista
Para convertir en oro todo lo que logro tocar.

Cometido que sí lo logra un gobernante,
Mientras el pueblo sigue postrado,
Acostumbrados a regalar o vender el voto,
Porque aún estamos cautivados.

Que aquí se vive bien y se muestra desarrollo,
Tiene riqueza el que controla monopolios,
Se siembran hortalizas y entre ellas repollos,
Comemos sopa, ¿para qué queremos capitolios?
De vez en cuando, se abaratan los pollos.

Señores potentados, encumbrados de la pobreza,
Hay muchos pueblos sometidos y marginados,
Por saciar inconscientes ambiciones, esclavizados,
Sean conscientes, la muerte no arrastra riqueza.

Nos vamos como llegamos con el rabo destapado,
Qué importa que no creas en salvación de cielo,
Igual muere rico que pobre, ese es mi consuelo,
Pues al morir ningún tesoro es del encajonado.

Hoy te crees como el dios del cielo,
Invisible, poderoso e inalcanzable,
Igual tus posaderas están en el suelo,
La riqueza solo será una carcajada.

Para saber quiénes son los olvidados,
Solo mires del pedestal hacia abajo,
No cuentan ni con un médico alquilado,
Mientras ustedes se ocupan de ser votados.

Parias para los que no existe la esperanza,
De soñar con algún día saciar la panza,
Para quienes los huesos son apetecibles,
Mientras ustedes devoran las mejores carnes.

DIA DEL TRABAJO

Muy gracioso y divertido,
Me pareció un comentario,
Por la ocasión muy oportuno,
En el mexicano es de diario.

De todos muy sabido es,
Que México fue sometido, y,
Por hombres enfermos contagiado,
De las peores pestes europeas,
La flojera y malas costumbres.

El desaseo entre las más feas,
Mencionado por la presente ocasión,
Ya que generalmente es el "huevón"
El de comentarios tendenciosos
E intencionadamente maliciosos.

Se festeja abundante el día del trabajo,
Comentado por las aceras de las calles,
Algunas feas críticas perniciosas,
Para que las oigas y te desmayes.

Generalmente de gentes ociosas,
Comentan con frases envenenadas,
Que tal o cual grupo no trabaje,
Estando ellos por horas sentados.
Hurgando en sus llagas iconadas.

Por ser día primero de mayo,
Quisiéramos los más necios,
La paja en el otro quitar,
Cuando de nuestras dolencias,
Nos ponemos a llorar carencias.

Es gracia de los pópulos mexicanos,
De los contagios sacar gusanos,
En todo queremos nos den la mano,
Cuando la realidad no es recibir,
Sino estirarla para al de junto tundir,

Añoro mi nostalgia por costumbres,
Hermosas costumbres de mis ancestros,
Que alrededor de cálidas lumbres,
Se organizaban para la faena, prestos.

Me pregunto ¿por qué? se nos heredó,
Del otro continente solo lo podrido,
Cuando la sangre azteca nos regaló,
Mejores recuerdos siendo comedidos.

MUJER

Mi curiosidad se remueve al ver,
Que el divino ser llamado mujer,
La segunda criatura en el universo,
La que siempre inspira un verso,

La que sola, se empeña en perder,
La gracia, de mejor elección del creador,
Refutando su debilidad de mujer,
Para llenar la soledad del hombre,

Y aunque existen excepciones,
De un afán empecinado de liberación,
Rompen el sutil encanto con un fingido
E inconsciente afán modernista.

Ya no parece la mujer, tan lista,
Inquietándome una sola pregunta,
¿Por qué su pensamiento se oculta,
A la luz de mi flojo entendimiento?

Te conviertes en una gran incógnita mujer,
Me maravilla tu afán de rebelión,
Tu divino ángel y poder de seducción,
Pero, dejas en tus tenores entrever,
Que te falta de ves en ves la razón.

Actúas en ocasiones con tanta inmadurez,
Aparentando ser gran dama de mundo,
No será que tu corazón en lo más profundo,
Tienes sed de algo ¿Qué crees no merecer?

Acaso inconsciente, te cause placer,
El quitarte poco a poco la vida,
¿No será que desconoces la medida,
De lo que realmente es ser mujer?

Me significas un completo enigma,
Reconozco es corto mi entender,
Porque se trata de la mujer;
Cuando una dama de sociedad,
Aparenta ser tan moderna,
Y su poca sobriedad le enferma.

Con esas poses de mujer de mundo,
Entre volutas de humo te veo envejecer,
Reptando entre la penumbra de los vicios,
Creyendo que con tu lujo deslumbras.

Es muy triste tener que aceptar,
Que una criatura tan hermosa,
De delicada finura tan sofisticada,
Se comporte tan obcecada,
Destruyendo su propio altar.

UTOPIA

¡Cuánto he anhelado poseer una estrella!
Coger en mis burdas manos su real belleza,
Ver de mis dedos escurrir sus destellos de plata,
Consumirme en abrazador fuego de sus entrañas.

Poder arrullar mis crueles desvelos,
Sobre su cuna de nubes blancas,
Y ahogar mi locura, llenándola de besos,
Arrullándome en su infinito firmamento.

Dormir plácidamente, sosegado con sus encantos,
Acariciando su efímera luz entre mis labios,
Para soñar que me deleita con cálidos besos,
Y la noche me arropa con sus gélidos mantos.

Viajar con ella siguiendo sus embelesos,
Llevar mis pasos a perderse con la aurora.
Y sentirme poseído en su belleza cada ocaso,
Y así, Acurrucado plácidamente en su regazo.

Enmarañar sus cabellos de plata cincelada,
Para eclipsarme sosegadamente entre su pelo,
Cuando me borre cada noche de luna llena,
Y perecer junto a esa estrella bañado por el sol.

Sabe mi dios que esto es una locura,
Por pretender tomar un aura inexistente,
O querer fundirme entre la nieve de una diosa,
Que solo existe cuando mi locura se remueve.

Persiguiendo largas y afiladas lanzas,
Que reptan por la noche sobre los montes,
Para enterrarse inclementes en mi espera,
Mientras mis sueños en aguas del arroyo danzan.

SUEÑOS HUECOS

Es dolor inclemente el de mi alma,
Cuando veo morir cada uno de mis sueños,
A veces, me arrepiento de tantos empeños,
Pues los veo perecer con tanta calma.

Que fueron sueños fincados en la nada,
De falsas e inexistentes ilusiones,
Razón por la que los destinos les truncaron,
Martillando el dolor por las pasiones.

Yo me pregunto, ¿Qué hice mal?
Me contesto en mudo soliloquio,
Temblando mi cuerpo en espasmo,
Cual si le sacudiera furioso vendaval.

Algo no estuvo bien puesto en su lugar,
O el destino se ensañó conmigo como ser,
O fue mucha mi euforia al desear,
Que la misma sórdida pasión, me hizo perecer.

Hay locura y calentura en mi mente,
Fabrico quiméricos castillos en el aire,
El tiempo se me escurrió temporalmente,
Por lo que los sueños me hirieron con desaire.

Veneré con una pasión desmedida,
Cada fragmento de tierra a mi paso,
A cada espejismo le amé colmada la medida,
Esa fue tal vez, alucinación y razón de mi fracaso.

A cada empresa le di entera toda mi vida,
Me esmeré en servir en la espera agradecida,
Llevándome en el alma un decepcionante chasco,
Pues a favores recibidos corresponden guiños de asco.

Para pagarte con una mueca de sonrisa fingida,
Aun así agradecí esa sonrisa compungida,
A quien por cultivarle sus flores, se dice arrepentida,
Porque al menos fue y la ajena cortó comedida.

Aunque le haya causado tormento y dolor.
Ya no importa si me encuentro defraudado,
Estoy servido, pues de mi jardín tomaron esa flor,
Fueron mis sueños, desvelos y pasión el motivo,
De que otra mano pudiese acariciar altivo,
Y con las espinas, quedar ligeramente agraviado.

LOCURA

Envuelto en una sórdida locura,
Deseo afanoso tenerte junto a mí,
No importa la bendición de un cura,
Pero la ausencia audaz, me aleja de ti.

Creer que te engañe con falsas promesas,
Embriagado en alcohol pude mentirte,
Y mi única verdad, es decirte que te amo,
Aunque me desmientan las malditas cervezas.

Fue mi euforia y tonta ingenuidad,
Esta cobardía que me está lacerando,
Jamás podré hacerte algún daño,
Pero, me dejo arrastrar por el rebaño.

Me pregunto si de verdad aprendí a amarte,
Y entre tanta duda, no encuentro la respuesta,
La perplejidad me mantiene arrinconado,
En esa agonía voy muriendo sin respuesta.

Me produce horror la sola idea que me atormenta,
Pues no sé ya, si mi vida sube o baja de la cuesta,
Sólo me da miedo saber que no te pueda amar,
Me angustia un pavor que me hace agonizar.

Me da miedo equivocar respuesta en mi locura,
Es esta agonía consiente, la que temo en mi cordura,
En cruel herencia de deslealtad y amargura,
En esta vacilación mi alma expira sin demora.

Eres tú mi faro de luz, mi fuerza y embriaguez,
Solo tu presencia aderezará mi mundo al revés,
Será el más cruel y doloroso golpe en mí vida,
Ser la causa, del desamor que laceró tu herida.

Pero, aún en mi locura y embriaguez,
Debo renunciar para decirte adiós,
No tengo el bálsamo que alivie tu mal,
Pues no soportarías el amargo sabor.

MIEDOS

Dentro hay una semilla que germina,
Me asusta saber que ruge como volcán,
Siempre ardoroso y desenfrenado,
A punto de convertirse en huracán.

Es lava ardiente que circula en mis entrañas,
Turbulencias incontenibles de deseos,
Que retuercen mis intestinos de formas extrañas,
Como una hoguera exigen consumirse sin rodeos,

Y se consumen, no sin antes devastar,
Mi poco sosiego anquilosado,
Que busca liberarse perturbando mi paz,
Cuando te miro, ese fuego parece más osado.

Y siento miedo de ese fuego que me quema,
Con ansias seductoras, enormes, de pecar,
Ya no importa si al liberar esa lava, es anatema,
O si es que el amar sin medida es un pecado.

En tu presencia ese ardor es acicateado,
Al contemplar la roja flor que invita al beso,
Con una sed de caricias que nunca llegarán,
En ese arrobo fallece mi embeleso.

Voy, me sumerjo en cristalinas ondas de arroyuelo,
Deseando que sus espirales me lleven al infierno,
Es del bosque la brisa que arrulla y tranquiliza,
Me abraza, envolviéndome entre sus pliegues.

De ese bullicio candoroso fluye la sonrisa,
Que con la frescura del río calma mis ardores.
En segundos el volcán ha dejado de rugir,
El cielo es cómplice de la cura con sus humores.

Entonces la pasión que me carcomía con tanta ira,
Se ahoga en la inmensidad de tan arrobador abrazo,
Y quedó embriagado del aroma silvestre de las flores,
En un milagro, el infinito me regala la imagen de tu rostro.

Ha quedado latente dentro el temor que acicatea,
Ese asfixiante deseo que me corroe las entrañas,
Y me hace penar y maldecir de formas tan extrañas,
Solo aliviadas en el instante en que tu finura posea.

ENCUENTRO

Fue algo sublime verte,
Contemplar extasiado tu rostro
No sé si fue la suerte,
Que benévola me complació.

Estuve tentado en pos de ti correr,
Estrecharme entre tus brazos extendidos,
Abiertos para arroparme dándome calor.
Acariciar tu cara cubierta de rubor.

Se contuvieron mis ansias
Al mirar que se acercaron a ti,
Otro par de brazos pretenciosos.
Que te ceñían la cintura como lazos.

Sentí angustia por el brillo de tus ojos,
Arrebatados de alegría no contenida,
Ambos sentimos indescriptibles gozos,
De añoranzas y nostalgias encerradas.

Miré el latido de tu pecho agitado,
Mi deseo era correr pronto a tu lado,
Cundo me paralizó esa presencia,
Que como hielo apagó mi demencia.

No era una alegría fingida,
Cuando por fin te felicité,
Tu sabias muy bien curar soledades,
No se explica de otra manera su cercanía.

En esas raras circunstancias,
Nos pone el necio destino,
Tú tenías marcado otro camino,
Y yo, castigado en mis vagancias.

Como esperar que no hubiera desatinos,
Con recuerdos tan ajados por distancias,
Si otros brazos siempre estaban prestos,
Y tan puntuales siempre en tus caminos.

UNA DAMA DE NEGRO

No sé por qué pero lo presentí,
Su mirar intenso sobre mi persona,
Me despertaba de mi letargo, y,
Ya estaba despierto sin embargo.

Creí que lo que miraba era una fantasía,
Ella esquiva, fingía que no me veía,
Ya todos miraban su pródiga anatomía,
Exageradamente tan perfecta.

Estaba allí, bella, fina y coqueta,
Vestía un entallado traje negro,
Un niño en su regazo, embelesado,
Engullía voraz su descubierto pecho.

Se extasiaba en el con semblante ávido,
Que con suavidad acariciaba su desnudez;
Ella cerró los ojos fingiendo dormitar,
Lo delataba su gesto de aburrimiento.

Resplandecía su figura tan perfecta,
Y disfrutaba de caricia tierna, la embriaguez,
Del infante pródigamente alimentado.
Se revistió su cara de rubor un poco,
Volviendo a su indiferencia acostumbrada.

Yo no sé si pretendía vivir con un poco de suerte,
Pues su rostro reflejaba sombras de muerte,
Entre irónica sonrisa traslucía la amargura,
De una vida que ha sido por demás dura.

En la piel del pecho, de su ropa entreabierta,
Se entreveían las huellas de esa triste suerte,
Si fuese sólo su osado atrevimiento,
Que comprometiera a esa triste suerte,

Con generosidad su piel se ostentaba,
Mostrando que aún, no era un cuerpo muerto,
Era de una venus acariciada por la brisa,
Que se colaba al interior de blusa entrecerrada.

Sus piernas largas, perfectas y cintura estrecha,
Una representación de Eva, tan perfecta,
Que en cubrir esplendorosa desnudes no tenía prisa,
Aunque mostraba una mueca de orgullo y descontento.

Se bajó del vehículo en que viajábamos,
Al parecer estaba arribando a su destino,
Sin preocupación por su ropa descompuesta,
Enseñaba sin recato la generosa piel herida,
Desdeñando de la turba las miradas a su figura.

Se volvió y sin reproche nos miró muy fijo,
Con una mirada inquieta e interrogante,
En un esquivo ademan de adiós silencioso dijo:
Solo soy una mujer que vivo agonizante.

Ustedes son para mí unos desconocidos,
Que Dios puso por bondad en mi camino,
Para que, leyeran dentro de mi herida alma,
Amargos sinsabores del destino como testigos.

UNA GRAN ROSA

Sus verdes hojas, parecían adornar con ropas finas
De un traje de princesa enamorada, en primavera
En el fondo de su cáliz perfumado y perfecto,
Se mecía una gota de rocío que me retrataba al efecto.

La vi tan de improviso en mí camino,
Que hice alto admirándola con reverencia,
Tal vez fue por azares del destino,
Que sin contener atrevimiento le hice una caricia.

Era una rosa hermosa de pétalos tan finos,
Admirando la tersura de hojas tan frescas,
Deposite sobre su corola arrebatado beso.
Embriagado de perfumes imagine labios entreabiertos.

Extasiado en su hermosura,
Acaricie con devoción su tallo,
Imaginé la piel de una diosa,
Recibí en mi osado atrevimiento,
De su espina herida dolorosa.

En mi embriaguez olvidé la espina,
Con sutil agresividad amparó su tesoro,
Mi sangre se mesclo con la perla de su cáliz,
Y Ofuscado, veo una mirada ensoñadora.

Se clava profunda la espina teñida en rojo,
Como premio a mi atrevido desliz,
Mi sangre tiñe del frágil tallo a la raíz,
Herida punzante que no me hace muy feliz.

Aunque en mi demencia lastime su piel,
Siento la dicha consumada de mi osadía,
Al desandar mis pasos para aprisionarla,
Y en un arranque de locura, hacerla mía.

Pero, otro transeúnte habíase adelantado,
Para atraparla, ajadas sus hojas, languidecían,
Completo abandono le acompañaba lastimoso,
Que me sacudió impotente la rabia y decepción.

Aunque mi pecado fuera del mismo atrevimiento.
Con vergüenza acaricie sus pétalos ya marchitos,
Imaginando la flor abierta en su arrogancia,
En ofrenda a la belleza ofrendé mi arrepentimiento.

Acaricie los deslucidos pétalos de porcelana,
Y besé con reverencia la lágrima de su tallo,
En silenciosa oración bendije al creador,
Por sembrar en la tierra un edén de rica gama.

Bendigo al omnipotente, por perfumar la tierra,
Con embriagante esencia de variadas flores,
Para que toda criatura se embriague
Respirando de exquisito perfume los olores.

UNOS OJOS VERDES

Estaba cansado y adormilado,
Recostado sobre un respaldo,
Incómodo de un asiento de autobús,
Pero algo llamó mi atención.

Y dejó embelesado mi pensamiento,
Una mirada penetrante y suspicaz,
Parecía indiferente, pero era directa,
Que miraba con arrobamiento.

No parecía ser coqueta,
Pero iba muy inquieta,
Rebuscaba en su bolso de viajera,
Tampoco parecía una mujer cualquiera.

Subía una hermosa pasajera,
Relucían sus ojos verdes,
En cascadas de dulzura,
Desprendían destello esmeralda.

Era alta, morena, deliciosamente esbelta,
Una negra cabellera suelta y abundante,
Se mecían como ondulantes ramas,
Mecidas al vaivén de la brisa.

Irradiaban sentimientos de nostalgia,
En ese su mirar esmeraldino,
Algo había en lo profundo escondido,
Entretejiendo el dolor de su alma.

Una añoranza de lo ido,
Rumiando en el corazón arrepentido,
El recuerdo que le tiene adolorido,
Tan solo hubo un ligero instante.

Que se encontraron las miradas,
Mirando lo abarcaban todo,
Y mirando, no miraban nada,
En el pasmo de una mirada hipnotizada.

Era huidiza y parecía ignorarlo todo,
En ego genuinamente masculino,
Sentí hervir mi sangre incendiaria,
Al presentir su esquívate mirada.

Miraba con el rabillo del ojo,
Luego en fugaz sonrisa me ignoraba,
No porque su persona se alejara,
Simplemente fingía que dormía.

Era imposible descifrar enigmática risa,
Como de mariposa herida plegando sus alas,
Porque en el ardor, no lleva ninguna prisa,
Entrecruzando plácidamente los brazos.

Sus frágiles y estilizadas manos pequeñas,
Afianzaban con delicadeza los lazos,
Las uñas de sus cuidados dedos entretejían,
Trenzando se negro pelo con gran paciencia.

Lo hacía tan paciente y tan serena,
Que parecía afianzar entre ellas,
Como si fuese un par de cadenas,
Aprisionando con ellas las penas.

Mientras el tiempo de nuestro viaje,
Se enroscaba entre las curvas del camino,
Llevándonos a destinos muy opuestos,
Llegó a ese instante tan funesto.

Y fue separando viajero tras viajero,
Comprometiéndoles a fugaz despedida,
En un mohín de sonrisa cierta o fingida,
Así, ella se alejó, dibujaba su silueta,
Que iba perdiéndose entre bruma.

UN DIAMANTE EN EL CIELO

Siempre he pensado sobre mi fe,
Que es insignificante como lo que sé.
Pues cuando veo la maravilla de lo creado,
Glorificar al creador del firmamento, es osado
Aun así me atrevo a dedicar un humilde verso.

Con intención de describir sus maravillas,
Que por la noche descubro desde mi orilla,
Sólo que es pobre mi recurso de discurso,
Y se me dificulta expresar tanto prodigio.

Contemplo apenas un fragmento de lo creado,
Consiente de mi fugaz paso por este mundo,
Se ofusca por completo, la claridad de la razón,
Cuando el gris oscuro de la aurora tórnase dorado.

El atardecer junto al gran espejo de agua,
Se convierte en corona de relucientes colores,
La gama de rubores que el gran pintor fragua,
Cuando deposita el sol su cabeza roja, en la colina.

Ha dado fin a su alegre y largo viaje,
Como preludio al instante de reposo,
Sembrando una estela de diamantes,
Y extendiendo su manto en un esbozo.

La Reyna de la oscuridad muestra fu faz.
En un abrazo estrecha la mitad de la tierra,
Con tonadas de murmullos varios en la sierra,
Aullidos de lobos y coyotes fastidian un poco la paz.

Busco el sosiego en lo abrupto de la sierra,
Cuando mi incomodo camastro martiriza,
Me levanto y recorro el camino sin prisa,
Hasta el remanso del río que ya me espera.

En una avalancha se derrama el pensamiento,
Que ligero transporta mis reflexiones a la nada,
Hurga entre los recuerdos anidados con el tiempo,
Y de entre los añejos sueños nada recata.

El silbido del bosque me arrulla en los ensueños,
Ya adormecido, en la cañada veo borrosa figura,
Que entre tanta belleza del creador se funde,
Arrebatándome de golpe de tan vanos empeños.

La luna y las estrellas guían mis pasos,
Que desesperados buscan el regazo
Entre mullida y resbaladiza hojarasca,
Aguda espina entre mi ropa se atasca.

Mientras me libero de ella y del cactus,
La quietud parece protestar en rictus de rechazo,
La dama nocturna admite apenas murmullos de grillo
Y la cómplice ventisca asesina la luz del cerillo.

Paso horas en contemplación callada
Después regreso arrastrando tosca vereda,
Que se estira tras de mi como larga cadena,
Y me aprisiona con el grillete de mi cama.

Un dulce pensamiento me conforta.
Al contacto del hueco frío de mi lecho:
El mismo cielo cobija a mis seres tan queridos,
En ese pensamiento, mi insomnio se conforta.

Veo el disco blanco de la luna,
Y escribo el nombre de cada una,
Recorro el firmamento al derredor,
Y le voy poniendo nombre a las estrellas.

Yo le digo en silencio al creador,
Tú que estás conectado a todo,
Que de noche y con la aurora,
Me regalas magnífico esplendor.

Vela por mis seres queridos,
Y bendícelos a todos como favor.
Sabes que en mis fiebres,
Actuó como perfecto demente.

Más tú, que eres clemente,
Retira fiebres tan arteras,
Mitiga mis ansiosas esperas,
Con la brisa que refresca mi mente.

Estas locuras me llevan a veredas intrincadas,
Buscando inspiración para garrapatear un verso,
Más un profano iletrado que puede saber de eso.
En horas libres busco inspiración como poseso.
Esa avidez me lleva por veredas intrincadas,
Por un espejismo veleidoso y marrullero,
Que me engaña con su alucinación embustera,
Y se va diluyendo entre barrancas y quebradas.

Sobre el atardecer, se deposita cual pordiosero,
Mi paciencia y ansia de trovador sobre el sendero,
Para iniciar nuevas travesías que muestren del creador,
La incomparable belleza de sus infinitas maravillas.

La inspiración en tan pobre como pobres es el pastor,
Que pastorea en los montes la raquítica inspiración,
De un desconocido que no tendrá rostro en su devoción,
Y la blanca hoja no se presta, para tan hueca inspiración.

Con escasa fe y con tan pobre ciencia,
Lo único que puede al fin garrapatear,
Del inmenso y maravilloso universo,
Durante sus insomnios al pernoctar,
Es la abundancia de su torpe demencia.

LLEGASTE TÚ

Y cuanto más necesitaba, llegaste Tú,
Dando a mi vida una razón,
Cuando mi alma estaba a oscuras,
Y las tinieblas borraban mi vía.
Convirtiendo mis dudas en prisión.

Entonces, como una luz llegaste tú,
Y mi camino tuvo paz y fue más claro,
Todas mis heridas totalmente sanaron,
Esas sombras que borraban mi visión,
Se desvanecieron por una nueva razón.

Aquellos días pesadamente eternos,
Me parecían ahora apenas suspiros,
Ardía dentro de mí el fuego de la pasión,
Y hacía de mis segundos eternos infernos.

Dentro del corazón se ahogaban gemidos,
Cuando ya solo esperaba tu bendición,
Había grande sufrimiento en mi alma,
Gimiendo me buscaba retratado en tus ojos.

Llegué a pensar que no tenía salvación,
Desesperado buscaba ver en tu rostro
Una esperanza para mi redención,
Y una sonrisa leve en tus labios de perdón.

Fue entonces que llegaste tú,
Tan silencioso y callado como siempre,
Invadiendo de paz y sacándome del precipicio,
En donde me hundía ya la muerte.

Me sentía perdido en mi sufrimiento,
El desamor era frio que me carcomía,
Cuando silenciosa presencia me rescató,
La fresca brisa de rocío me dijo que eras tú.

Sí así llegaste, y te posesionaste de mí,
Borrando el infierno de agonía que laceraba,
Mi espíritu y mi cuerpo noche y día,
En que desesperado me aferraba a tus manaos.

Solo que mis empeños terminaban en la nada,
Como un cruel castigo a mi necedad,
Por buscar en lugar equivocado la verdad,
Terminaba sentenciado a una agonía de soledad.

EL VUELO DE LAS PALOMAS

Las aves, como todos los seres,
Al formar su pareja se empeñan,
En construir un nido para los hijos,
Así, con afán apuran sus menesteres,
Para dar abrigo a sus polluelos.

Buscan con sus cobijos y arrumacos,
Que los pequeños estén contentos,
Como en imaginarios cuentos,
Pero, no son al final muy felices.

Las palomas hacen reclamos piando,
Les reprenden y censuran con cariño,
Los padres, de cuando en cuando,
Lo mismo sucede con un niño.

Los progenitores le ven crecer con pasión,
Ríen sus gracias, sufren sus desdenes,
Y tienen que penar en sus desgracias,
Temen que el exceso sea su perdición.

Cuando empiezan a correr la vida solos,
Como a polluelos brindan lo mejor,
Para evitarles los descalabros y la herida,
De las equivocaciones el amargo sabor.

Con el tiempo se presenta el día,
En que como polluelos sienten la premura,
De mostrar a otros su ternura,
Se consideran ya con más sabiduría.

La naturaleza es tan sabia,
Principalmente con los animales,
Ha descuidado a los humanos,
Que creen tienen la inteligencia,
Y caen absurdamente en la demencia.

Las aves, ven partir a los hijos con algarabía,
Porque los han hecho independientes,
Dejando que aprendan de sus males,
Para que no pierdan la alegría.

El ser humano es más débil,
Cuando tiene que enfrentar la vida,
Rara vez saben cuál es la medida,
Y reclaman con voz resentida,
Cuando cree que deben llevarse el nido.

Algún día sufren arrepentidos,
Porque en el vértigo han comprendido,
Y con el tiempo se ha entendido,
La razón de que los hijos dejen el nido.

"DEL COLOR DE LA TIERRA"

Era una noche brumosa,
una criatura color tierra,
alumbrada por luz caprichosa,
era acosada como fiera.

Sí, ¿sería inteligente?,
era de todos la interrogación,
les preocupaba en gran pendiente,
de aquel avispado mocetón.

Las penurias eran el pan diario,
frutos de la gran precocidad,
pues pobre era su barrio,
y humilde era su laboriosidad.

Más ese afán fue su motivo,
para no afanarse entre la nada,
era importante no morir vivo,
para encajar una profunda
huella que quedara bien marcada.

Entre el acoso, el hambre y el tiempo,
fue quedando la crueldad anonadada,
los pesares se los llevó el viento,
y el olvido intentó dejar la herida curada.

Sin embargo esta humilde criatura,
llegó a enlutar las aulas,
enterrando su ignorancia sentenciada
a permanecer entre el barro de los surcos,
y morir de escuela en escuela sin premura.

Es el silencio majestuoso de la letra,
la que tal vez resurja entre el hollín,
del carbón consumido entre los hornos,
la que algún día renazca y penetre,
para no ser solo residuos de aserrín.

Son tantas sus historias engarzadas,
Que van quedando en la memoria,
Bien grabados una tras otra cincelados,
Y así sin ser un libro, son su historia.

No fue cura pero recorrió esos dinteles,
Fue allí tal vez que cambiaron sus papeles,
Al conocer tramas más tristes que la propia
Por lo que es importante no repetir la copia.

A MI MADRE

Con nostalgia escribo breves,
Pero muy íntimos recuerdos.
Un puñado de sentimientos leves,
En mi alma calan muy hondos.

Se ha ido, ya ha partido,
y se fue en silencio,
como siempre fue,
como siempre lo hizo.

Pero, hoy se fue,
para jamás volver;
se fue para no regresar
no digo que me ha de lastimar,
porque se fue sin decir,
lo que siempre anhelé escuchar,
pero, que se fue, y nunca dijo.

¿Qué era lo que yo quería oír?
aquello que toda madre,
se esmera en repetir,
y que todo hijo, suspira al escuchar.

Sin embargo, así era ella, mi madre,
parca en palabras esperadas,
abundante en voces airadas,
que consideraba necesarias,
tal vez sus palabras sabias.

Quizás eran sus palabras lisonjeras,
nunca dijo más, nunca dijo menos,
su intención, siempre buena fue,
mi corazón, nunca entendió su lenguaje.

Que nuestro nido siempre fue como el de gorriones,
nunca enamorados del calor de las espinas,
siempre ansiosos de emprender el vuelo,
buscando encontrar mejores primaveras,
pero, obstinados, siempre nos topamos un invierno.

Se fue, no dijo nada, no hubo palabras,
no hubo despedidas, no hubo un adiós,
solo se fue, en silencio, durmió el sueño eterno.
Siempre hizo lo que quiso,
y se fue cuando lo decidió,
en un secreto acuerdo con el eterno.

Hoy sé que nunca más escucharé,
lo que siempre deseé escuchar,
y yo me esmeraré en repetir,
para mis hijas, algo que yo,
anhelé escuchar y nunca pude oír.

Se ha ido, se ha marchado,
y su partida nos duele,
pero ella, así lo ha querido,
que haya paz allá,
allá en donde buscó cobijo.

SI TE ROBARA UN BESO

Sucede frecuentemente en mi pensamiento,
Que es como un fuerte huracán fuera de control,
Me lleva a galopar en la locura sin mi consentimiento,
Y mis desvelos, me queman por dentro como el sol.

Me pregunto ¿Por qué tú, enciendes mi fuego?
¿Por qué, con tu sola mirada, mi piel, desea a tu piel?
Enciendes un torrente de mil sensaciones por mi cuerpo,
y me digo ¿acaso es un castigo paladear la miel?

Y, si tu ser es tan afín al mío,
¿Por qué no desmadejar el frío?
embrollando las sensaciones en la locura,
acaso el cielo, nos aumente la cordura.

Tú ves mi piel ya marchita,
yo, veo a tu alma tan solita,
¿Si somos ya uno, que nos separa?
si una promesa eterna nos ampara.

Cuando estrecho tu talle,
siempre recuerdo aquel detalle,
cuando te dije, al ver tus rojos labios,
¿No huirás acaso, si te robo un beso?

Acordamos no mentir,
jamás, con ese eterno beso;
que la dulzura del recuerdo,
No doblegaría en la muerte nuestro embeleso.

Y, soñar siempre con ser tuyo,
¡Tenerte eternamente mía!
que tus besos sean para mí como un arrullo,
y mis embelesos mueran en ti, sin melancolía.

Así, si el robarte un beso,
encendió la ira del pecado,
de la furia del amor viviré preso,
y mi ardiente fuego de locura, en ti segado.

Así, ese beso que he robado,
quedó grabado en mi memoria,
¿Quién crees que podrá de ahí borrarlo?
si ni el tiempo, ni la muerte, lo han logrado,
Deja pues, que siga sufriendo mi pecado.

UN CAMINANTE CUALQUIERA,

Recorriendo en apresurado paso,
La alucinante embriaguez del mundo;
Se vio de pronto, estrechado entre personajes,
Tan célebres como cualquiera.

Escanciando de la vida el vaso
En un sentimiento profundo;
Contempla confuso, y, de repaso,
los despampanantes y, gélidos ropajes.

Y al encuentro de ambos, sin ambages,
Frente a frente dialogaban todos,
La ambición y el hambre, casi se estrechaban,
En un mudo dialogo conversaban,
Uno salivaba hambriento saboreando,
La otra, ¡sonreía descarada!

Mientras, tres perros disputaban la comida
Que un rico despreciara ofrecer en caridad;
La ambición sube, ignorando la caída,
el hambre, se atraganta agonizante.

Más adelante, ¡la inocencia!, sonreía con frescura.
Y la lujuria exhibía cadenciosa, su deshonra,
La inocencia estrecha una mano con ternura,
La sensualidad, a la lujuria la exige en caricia.

Se viste la pobreza con andrajos,
Mientras la moda, es prenda de deshonra.
La ternura se estremece ente la agonía del invierno,
La sensual lujuria arde, ante el descaro de la primavera.

En tanto, la inocencia cobija con despojos,
La morbosidad se desnuda, untando tela a su piel,
El invierno inocente se somete a su muerte,
Pero la primavera exhibe presurosa,
Sus dos turgentes y mórbidos pechos,
Que incendian el deseo al calor de la primavera.

Va también por ahí la indiferencia,
Emparejada con la frivolidad,
Una finge demencia en la desatención,
Otra, reboza por sus poros el deseo y vanidad,
Esa exquisitez, de mórbidas delicias,
Al grito de la moda, se reproduce en abundancia.

Y despierta a la bestia dormida,
Que aniquila deliberadamente
los andrajos del invierno,
Es la primavera que despertó jadeante,
Ante las penurias de la próxima gestación.

Lleva los senos descubiertos,
La piel, mostrando una segunda piel,
Y en medio de ella ostenta en agonía una flor,
Que destila la jugosa miel que brota generosa,
Herida con la profunda estocada de la pasión
Como una roja cereza madura en plenitud.

Quien haya dicho que la indiferencia,
No reclamaba en la frivolidad, se equivocó,
Pues hoy aparentan ir de la mano,
Gestando en su vientre la hipocresía,
Ante un mundo tan soberbio y vano.

EN DIOS, ¿SOMOS UN INSTANTE?

Creí ver tu linda cara
Entre la bruma de la noche,
Como relámpago cruzó fugaz,
Y, yo me hice un reproche.

Pues, si el destino me depara,
Conocer la historia de tu vida
Y sondear un corazón de ángel,
¿Por qué pues, sin un adiós te vas?

En ese terso manto negro
Tu figura se dibujó entre la gente,
Y si el destino unió de nuevo ese puente,
En un instante de regocijo, ¡yo me alegro!

Pero, la duda se metió en mi corazón,
Tal vez, sólo eras un fantasma;
Una quimera, o tan solo una ilusión,
Y mi vista miope, en la oscuridad me entusiasma.

De mi mente hace una fruslería,
¿Quién eres en verdad? La mujer,
Ángel de luz para mis tiernos niños,
¿O fuiste del destino tenues guiños?

Todos te recordamos,
Y deseamos estrechar tus manos,
Pues, has sido en el destino, nuestra amiga,
Amistad simple, que a nada te obliga.

Por esta razón, y en esta fecha,
Te decimos, ¡te queremos!
No nos olvides, y tan sólo,
Recibe un abrazo, un beso y un adiós.

AMALGAMA

Fui historia y fuego calcinado, en la tormenta,
Fui sepulcro de aurora mutilada, y degollada,
Canción de cuna, en maternal inocencia abortada,
Fui ocaso parido, en residuos de lucha cruenta.

Fui ansia perdida,
Fugaz sueño en la vida,
Fantasma de culpa redimida,
Absurda bendición robada a la nada.

Una figura etérea, lanzada al infinito,
Pasión insulsa, morbosidad aniquilada,
Fragmento de ternura, profesión mal elaborada,
Molécula de carne, cual fragmento inserto al granito.

Y fui todo en el cosmos, para perderme en el vacío,
Desintegrado en átomos por todo el universo,
Fusión de bruma y oscuridad, en la tormenta,
Fuego sin brasas, que se estampó en el ocaso,
Con la tenue brisa de pensamientos olvidados.

Fui cordón de comunión, entre preñada y feto,
Esperanza fallida, revolución de historia, y fuego,
Hembra y macho impregnados, por mandato divino,
Fortuna y miseria de político insulso, avaricioso.

Así, fui pradera y desierto, en luz y truenos consumidos,
Montaña y barranco buscando gloria, acabada en infierno,
Un Ídolo y o un demonio producto de oración blasfema,
Que escurre por el tiempo y la hiel, con brillos de miel.

Y, así, fui todo y nada, composición del universo.
Polvo cósmico de energía y oscuridad amalgamadas,
Brisa y mar, cielo y tierra, vientre de mujer preñada,
Melancólico suspiro de un escuálido y nostálgico verso.

Polos que nunca se unieron, y siempre fueron uno solo,
Guerra y muerte, enfermedad virulenta de laboratorio,
Famélica anemia de la raza oprimida y mal alimentada,
Eslabón perdido de experimento ruin, imperialista.

Y, así fui algarabía y calma, de un viento huracanado,
Apresuramiento y quietud de hombre encalmado,
Melancolía y alborozo de la juventud enamorada,
Desesperación y agonía de ancianidad arrinconada.

Porque fui instrumento de burdo amor rudimentario,
Y fui tecnología imperialista mal encaminada,
Existí como astros y espacio ávidamente conquistados,
Paradigma estancado, incomprendido, desbaratado.

Fui agresividad y dulzura de aburrimiento intencionado,
Un todo que acabo en sueño de ansias mal encaminadas,
Y volví a ser concierto desacertado de esperanza fallida,
Y fui todo, y fui nada, oscuridad y luz amalgamadas.

CERCA DEL OCASO

Hay sentencias que deben cumplirse,
Por muy lenta que sea la agonía,
Es ley que el que vive debe morirse,
De admirarse, el que por vivir porfía.

La suerte del que nace, es morir,
La fuerza del que vive es triunfar,
Aunque disfrutar sea sinónimo de parir,
Pues es gozo tan amargo como desollar.

Esa cercanía con el fallecimiento,
Produce dolor cruel como de parto,
Y lo que alivia es el fugaz pensamiento,
De que paladeaste placer cerca al infarto.

No hay tristeza o temor por la partida,
Pues viste brillar candente el sol,
Cerca del ocaso la copa fue bebida,
Se apaga dolorosamente la vela del farol.

Se añora el calor del fuego,
La calidez de esa piel de terciopelo,
Que te brindó tibieza sin hacer ruego,
Las caricias que fueron tu consuelo.

Si hubo reproches, son olvidados,
Si hubo heridas disfrazas cicatrices,
Hermosos recuerdos están anidados,
Que suavizan las llagas como barnices.

Semillas que se sembraron
Y vivaces han germinado,
Sus nuevos brotes quedaron,
Para postergar lo que fue sembrado.

Se ha puesto el sol tras la montaña,
Hoy la oscuridad todo lo enmaraña,
Acumula lágrimas que no hacen río,
Pues todo lo va adormeciendo el frío.

Printed in the United States
By Bookmasters